2019 – 2029

다시 만나고 싶은 오늘
나의 10년

초판 1쇄 인쇄 2019년 1월 21일
초판 1쇄 발행 2019년 1월 28일

지은이   편집부
발행인   김정현
기획   서진, 이태희

펴낸곳   도서출판 DK
디자인   강희연

출판등록   2017년 11월 29일 제 406−2017−000156 호
주소   경기도 파주시 문발로 165, 3F
대표번호   070−4327−7083
팩스   070−7589−0721
전자우편   edit@bookdk.co.kr

ISBN 979−11−965979−0−0   02190
값 25,000원

10 years of my life

2
February

2019

2020

2021

2022

2023

2024

2025

2026

2027

2028

Special Memo

3
March

2019

2020

2021

2022

2023

2024

2025

2026

2027

2028

Special Memo

4
April

2019

2020

2021

2022

2023

2024

2025

2026

2027

2028

Special Memo

5
May

2019

2020

2021

2022

2023

2024

2025

2026

2027

2028

Special Memo

6
June

2019

2020

2021

2022

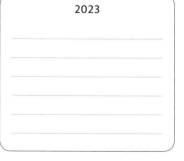

2023

2024

2025

2026

2027

2028

Special Memo

7
July

2019

2020

2021

2022

2023

2024

2025

2026

2027

2028

Special Memo

8
August

2019

2020

2021

2022

2023

2024

2025

2026

2027

2028

Special Memo

9
September

2019

2020

2021

2022

2023

2024

2025

2026

2027

2028

Special Memo

10
October

2019

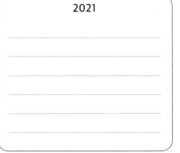

2020

2021

2022

2023

2024

2025

2026

2027

2028

Special Memo

11
November

2019

2020

2021

2022

2023

2024

2025

2026

2027

2028

Special Memo

12
December

2019

2020

2021

2022

2023

2024

2025

2026

2027

2028

Special Memo

1
January

2020

2021

2022

2023

2024

2025

2026

2027

2028

2029

Special Memo

2 / 1

2019

___

2020

___

2021

___

2022

___

2023

___

2024

___

2025

___

2026

___

2027

___

2028

___

인생은 흘러가는 것이 아니라 채워지는 것이다. 🌸

2019

2020

2021

2022

2023

2024

2025

2026

2027

2028

생명이 있는 한 희망이 있다. 실망을 친구로 삼을 것인가, 아니면 희망을 친구로 삼을 것인가.

2019

2020

2021

2022

2023

2024

2025

2026

2027

2028

인생은 곱셈이다. 어떤 기회가 와도 내가 제로면 아무런 의미가 없다. ✿

2 / 4

2019

2020

2021

2022

2023

2024

2025

2026

2027

2028

힘은 희망을 가지는 사람에게 있고 용기는 의지가 있는 사람에게 일어난다.

2 / 5

2019

2020

2021

2022

2023

2024

2025

2026

2027

2028

기회는 새와 같은 것. 날아가기 전에 꼭 잡아라. ❀

2/6

2019

2020

2021

2022

2023

2024

2025

2026

2027

2028

웃음이 적은 곳에는 매우 적은 성공밖에는 있을 수가 없다. 🍁

2/7

2019
_____

2020
_____

2021
_____

2022
_____

2023
_____

2024
_____

2025
_____

2026
_____

2027
_____

2028
_____

이 세상에서 가장 행복한 사람은 일하는 사람, 사랑하는 사람, 희망이 있는 사람이다. ✾

2 / 8

2019

___

2020

___

2021

___

2022

___

2023

___

2024

___

2025

___

2026

___

2027

___

2028

___

우리가 어느 날 마주칠 불행은 우리가 소홀히 보낸 지난 시간에 대한 보복이다. ✿

2 / 9

2019

2020

2021

2022

2023

2024

2025

2026

2027

2028

남들보다 더 잘하려고 고민하지 마라. 지금의 나보다 잘하려고 애쓰는 게 더 중요하다.

2 / 10

2019

2020

2021

2022

2023

2024

2025

2026

2027

2028

도망은 탈출구 자체를 목적으로 하지 또 다른 선택을 전제로 하는 것은 아니다. 🍁

2 / 11

2019

2020

2021

2022

2023

2024

2025

2026

2027

2028

육신의 눈이 둔해져야만 마음의 눈이 예리해진다. 🌿

2 / 12

2019

2020

2021

2022

2023

2024

2025

2026

2027

2028

내일 일을 걱정하지 말라. 그날의 괴로움은 그날로 족하다.

2 / 13

2019

2020

2021

2022

2023

2024

2025

2026

2027

2028

큰 나무는 바람을 많이 받는다.

2/14

2019

2020

2021

2022

2023

2024

2025

2026

2027

2028

우리는 다른 사람이 가진 것을 부러워하지만 다른 사람은 우리가 가진 것을 부러워하고 있다.

2 / 15

2019

2020

2021

2022

2023

2024

2025

2026

2027

2028

시도해 보지도 않고는 누구도 자신이 얼마만큼 해낼 수 있는지 알지 못한다. ✿

2 / 16

2019

2020

2021

2022

2023

2024

2025

2026

2027

2028

절망이란 어리석은 사람의 결론이다. ✾

2 / 17

2019

2020

2021

2022

2023

2024

2025

2026

2027

2028

이성이 인간을 만들어 낸다고 하면 감정은 인간을 이끌어 간다. ✿

2 / 18

2019

2020

2021

2022

2023

2024

2025

2026

2027

2028

잔잔한 바다에서는 좋은 뱃사공이 만들어지지 않는다.

2 / 19

2019
_____

2020
_____

2021
_____

2022
_____

2023
_____

2024
_____

2025
_____

2026
_____

2027
_____

2028
_____

다정하고 조용한 말은 힘이 있다. ✽

2 / 20

2019

2020

2021

2022

2023

2024

2025

2026

2027

2028

인간의 감정은 누군가를 만날 때와 헤어질 때 가장 순수하며 가장 빛난다. 🌿

2/21

2019

2020

2021

2022

2023

2024

2025

2026

2027

2028

한 인간을 알기 위해서 때로는 그를 떠나 볼 필요가 있다.

2 / 22

2019

2020

2021

2022

2023

2024

2025

2026

2027

2028

사랑은 신뢰의 행위다. 믿으니까 믿는 것이다. 사랑하니까 사랑하는 것이다.

2 / 23

2019

2020

2021

2022

2023

2024

2025

2026

2027

2028

사랑은 첫인상과 함께 시작된다. 🦋

2 / 24

2019

2020

2021

2022

2023

2024

2025

2026

2027

2028

행운은 마음의 준비가 있는 사람에게만 미소를 짓는다. ✳

2 / 25

2019

2020

2021

2022

2023

2024

2025

2026

2027

2028

우주를 한 사람으로 축소하고 그 사람을 신으로 확대하는 것이 바로 사랑이다. 🌸

2 / 26

2019

_____

2020

_____

2021

_____

2022

_____

2023

_____

2024

_____

2025

_____

2026

_____

2027

_____

2028

_____

대문자만으로 인쇄된 책은 읽기 힘들다. 일요일밖에 없는 인생도 그것과 마찬가지다. ✿

2 / 27

2019

2020

2021

2022

2023

2024

2025

2026

2027

2028

아름다운 것은 선하고 선한 자는 곧 아름다워진다. 🌸

2 / 28

2019

2020

2021

2022

2023

2024

2025

2026

2027

2028

타오르는 열망에 계획까지 갖추면 이루지 못할 것이 없다. ✿

2 / 29

2020

2024

2028

가장 중요한 사실은 당신이 할 수 있다는 것을 아는 것이다. 🌸

2

2019

2020

2021

2022

2

2023

2024

2025

2026

2

3/1

2019

2020

2021

2022

2023

2024

2025

2026

2027

2028

위대한 마음가짐은 세상에 불을 켜는 것 이상의 일을 한다. ✿

3 / 2

2019

2020

2021

2022

2023

2024

2025

2026

2027

2028

다른 누군가가 할 수 있거나 인생에서 이룰 수 있는 일이라면 나 역시 그럴 수 있다.

3 / 3

2019

2020

2021

2022

2023

2024

2025

2026

2027

2028

삶의 상태란 마음의 상태가 반영된 것일 뿐이다. ✿

3 / 4

2019

2020

2021

2022

2023

2024

2025

2026

2027

2028

내일이 곧 지금이다. 🌿

3 / 5

2019

2020

2021

2022

2023

2024

2025

2026

2027

2028

꿈은 그 사람의 위대함을 보여 주는 지표다.

3 / 6

2019

2020

2021

2022

2023

2024

2025

2026

2027

2028

자신이 가능하다고 생각하는 것보다 더 많은 것을 할 수 있는 인간은 없다. 🌺

3 / 7

2019

2020

2021

2022

2023

2024

2025

2026

2027

2028

오래 지속되는 생각에는 반드시 진실의 요소가 들어 있다. ✣

3 / 8

2019

2020

2021

2022

2023

2024

2025

2026

2027

2028

모든 것이 가파른 오르막으로 느껴질 때는 정상에 올랐을 때의 전망을 생각해 보라.

3 / 9

2019

2020

2021

2022

2023

2024

2025

2026

2027

2028

인생은 가능성으로 가득 차 있다. ✾

3 / 10

2019

2020

2021

2022

2023

2024

2025

2026

2027

2028

삶은 우리가 행하는 것들로 건축된다. 삶의 유일한 건축 재료는 긍정적인 행위이다.

3 / 11

2019

2020

2021

2022

2023

2024

2025

2026

2027

2028

실패했다 해도 걱정하지 말라. 성공의 길이 아닌 하나를 없앤 것이니까.

3 / 12

2019

2020

2021

2022

2023

2024

2025

2026

2027

2028

3 / 13

2019

2020

2021

2022

2023

2024

2025

2026

2027

2028

이상은 별과 같다. 별을 보면 옳은 방향으로 나아갈 수 있다.

3/14

2019

2020

2021

2022

2023

2024

2025

2026

2027

2028

당신의 현재 상태가 당신의 궁극적 잠재력을 반영하는 것은 아니다.

3 / 15

2019

2020

2021

2022

2023

2024

2025

2026

2027

2028

꿈은 내일의 현실이다. ✿

3 / 16

2019

2020

2021

2022

2023

2024

2025

2026

2027

2028

원하는 것을 손에 넣을 수 없다면, 손닿는 곳에 있는 것을 사랑하라. ❀

3 / 17

2019

2020

2021

2022

2023

2024

2025

2026

2027

2028

삶을 꼭 끌어안고 자신에 대해 확신을 갖고 행동에 돌입하라.

3 / 18

2019

2020

2021

2022

2023

2024

2025

2026

2027

2028

무엇보다도 삶은 재미있어야 한다. ✽

3 / 19

2019

2020

2021

2022

2023

2024

2025

2026

2027

2028

살면서 저지를 수 있는 가장 큰 실수는 실수할까 봐 끊임없이 걱정하는 것이다.

3 / 20

2019

2020

2021

2022

2023

2024

2025

2026

2027

2028

또 다른 목표를 세우거나 새로운 꿈을 꾸기에 너무 늦은 나이란 없다. 🌸

3 / 21

2019

2020

2021

2022

2023

2024

2025

2026

2027

2028

당신 자신에게 기회를 주어라.

3 / 22

2019

2020

2021

2022

2023

2024

2025

2026

2027

2028

대담함은 비범한 재능과 힘 그리고 마법을 지니고 있다. ✣

3 / 23

2019

2020

2021

2022

2023

2024

2025

2026

2027

2028

불운을 두려워하면 결코 행운을 알 수 없다. ✿

3 / 24

2019

2020

2021

2022

2023

2024

2025

2026

2027

2028

당신이 원하는 모든 것은 두려움 저편에 존재한다.

3 / 25

2019

2020

2021

2022

2023

2024

2025

2026

2027

2028

삶이 어둡고 끝없는 터널처럼 보일지라도 결코 어둠에 집중하지 말라. 🌸

3 / 26

2019

2020

2021

2022

2023

2024

2025

2026

2027

2028

3 / 27

2019

2020

2021

2022

2023

2024

2025

2026

2027

2028

상황은 바뀌지 않는다. 다만 우리가 변하는 것뿐이다. 🦋

3/28

2019

2020

2021

2022

2023

2024

2025

2026

2027

2028

세상에서 가장 먼 길은 머리에서 가슴까지 가는 길이다. ✿

3 / 29

2019

2020

2021

2022

2023

2024

2025

2026

2027

2028

혼자 가면 길이 되고, 여럿이 가면 역사가 된다.

3 / 30

2019

2020

2021

2022

2023

2024

2025

2026

2027

2028

오늘은 어제를 닮는다. 🌸

3 / 31

2019

2020

2021

2022

2023

2024

2025

2026

2027

2028

감사해야 할 것은 언제나, 언제나, 언제나 있기 마련이다. ✾

3

2019

2020

2021

2022

3

2025

2026

3

2027

2028

4 / 1

2019

2020

2021

2022

2023

2024

2025

2026

2027

2028

자연은 결코 인간을 속이지 않는다. 우리를 속이는 것은 항상 우리 자신이다.

4 / 2

2019

2020

2021

2022

2023

2024

2025

2026

2027

2028

인생이란 불충분한 전제로부터 충분한 결론을 끌어내는 기술이다.

4 / 3

2019

2020

2021

2022

2023

2024

2025

2026

2027

2028

우리에게 필요한 것은 알고자 하는 의지가 아니라 알고자 하는 소망이다.

4 / 4

2019

2020

2021

2022

2023

2024

2025

2026

2027

2028

겨울이 오면 봄은 그리 멀지 않으리. ✿

4 / 5

2019

2020

2021

2022

2023

2024

2025

2026

2027

2028

소중한 사람들이 행복할 때 우리도 행복해질 수 있다.

4 / 6

2019

2020

2021

2022

2023

2024

2025

2026

2027

2028

인생은 만남이다. 그 초대는 두 번 다시 되풀이되는 법이 없다.

4 / 7

2019

2020

2021

2022

2023

2024

2025

2026

2027

2028

이별의 시간이 될 때까지는 사랑은 그 깊이를 알지 못한다. ✿

4 / 8

2019

2020

2021

2022

2023

2024

2025

2026

2027

2028

나를 신뢰해 줄 벗이 친구들 사이에서 속히 발견되면 그 만남을 신께 감사하라.

4 / 9

2019

2020

2021

2022

2023

2024

2025

2026

2027

2028

사소한 잘못을 용서할 수 없다면 우정은 결코 깊어질 수 없다.

4 / 10

2019

2020

2021

2022

2023

2024

2025

2026

2027

2028

인생이 엄숙하면 할수록 웃음이 필요하다. 🌸

4 / 11

2019

2020

2021

2022

2023

2024

2025

2026

2027

2028

가정의 웃음은 가장 아름다운 태양이다.

4 / 12

2019

2020

2021

2022

2023

2024

2025

2026

2027

2028

진정한 창조는 침묵 속에서 이루어진다. 🌿

4 / 13

2019

2020

2021

2022

2023

2024

2025

2026

2027

2028

가장 깊은 감정은 항상 침묵 속에 있다. �֎

4 / 14

2019

2020

2021

2022

2023

2024

2025

2026

2027

2028

아침잠은 시간의 지출이며, 이렇게 비싼 지출은 달리 없다.

4 / 15

2019

2020

2021

2022

2023

2024

2025

2026

2027

2028

구두는 발에 맞추어야 한다. 발을 잘라 구두에 맞출 수는 없다. ✿

4 / 16

2019

2020

2021

2022

2023

2024

2025

2026

2027

2028

길은 가까운 데에 있다. 그런데도 이것을 먼 데서 구한다.

4 / 17

2019

2020

2021

2022

2023

2024

2025

2026

2027

2028

시력이 좋은데도 아무것도 보지 못하는 사람이 있다. 🌸

4 / 18

2019

2020

2021

2022

2023

2024

2025

2026

2027

2028

직함이 인간을 높이는 것이 아니라 인간이 직함을 빛나게 한다.

4 / 19

2019

2020

2021

2022

2023

2024

2025

2026

2027

2028

질투는 어떤 기쁨도 주지 않는 유일한 악이다. 🌿

4/20

2019

2020

2021

2022

2023

2024

2025

2026

2027

2028

나이를 먹는다는 건 사물을 볼 줄 알게 되는 것이다. 🏵

4 / 21

2019

2020

2021

2022

2023

2024

2025

2026

2027

2028

이 세상에서 가장 중요한 것은 어떻게 하면 내가 정말 나다워질 수 있는가를 아는 것이다.

4 / 22

2019

2020

2021

2022

2023

2024

2025

2026

2027

2028

반박은 가장 열등한 형태의 지성이다. 🦋

4 / 23

2019

2020

2021

2022

2023

2024

2025

2026

2027

2028

진실은 진실처럼 보이지 않을 때가 있다. ✿

4 / 24

2019

2020

2021

2022

2023

2024

2025

2026

2027

2028

선을 보기를 목마른 듯이 하고, 악을 보기를 눈먼 사람 같이 하라.

4 / 25

2019

2020

2021

2022

2023

2024

2025

2026

2027

2028

고뇌에 지는 것은 수치가 아니다. 쾌락에 지는 것이야말로 수치다.

4 / 26

2019

2020

2021

2022

2023

2024

2025

2026

2027

2028

재산이나 쾌락보다 고결한 마음에서 우러나오는 즐거움이 한층 품위가 있다.

4 / 27

2019

2020

2021

2022

2023

2024

2025

2026

2027

2028

우정은 돈과 같아서 버는 것보다 간직하는 것이 더 어렵다.

4 / 28

2019

2020

2021

2022

2023

2024

2025

2026

2027

2028

건강한 육체는 영혼의 객실이요, 병약한 육체는 그 감방이다. 🦋

4 / 29

2019

2020

2021

2022

2023

2024

2025

2026

2027

2028

받은 상처는 모래에 기록하고, 받은 은혜는 대리석에 새겨라.

4 / 30

2019

2020

2021

2022

2023

2024

2025

2026

2027

2028

풍파가 없는 항해, 얼마나 단조로운가! 고난이 심할수록 내 가슴이 뛴다. ✿

4

2019

2020

2021

2022

2023

2024

2025

2026

4

2027

2028

5 / 1

2019

2020

2021

2022

2023

2024

2025

2026

2027

2028

사막이 아름다운 것은 어딘가에 샘을 숨기고 있기 때문이다.

5 / 2

2019

2020

2021

2022

2023

2024

2025

2026

2027

2028

만일 그대의 얼굴이 뒤틀려 있다면 거울을 탓해 봤자 소용이 없다.

5 / 3

2019

2020

2021

2022

2023

2024

2025

2026

2027

2028

여행과 변화를 사랑하는 사람은 생명이 있는 사람이다. ❀

5 / 4

2019

2020

2021

2022

2023

2024

2025

2026

2027

2028

그대의 마음속에 식지 않는 열과 성의를 가져라. 일생의 빛을 얻을 것이다. ✺

5 / 5

2019

2020

2021

2022

2023

2024

2025

2026

2027

2028

우연처럼 보여도 우연이 아니다. 그것은 당신이 손수 엮은 패턴들이 움직인 결과이다.

5 / 6

2019

2020

2021

2022

2023

2024

2025

2026

2027

2028

지상에서 원한에 사무친 열정보다 사람을 더 빨리 소모시키는 것은 없다.

5 / 7

2019

2020

2021

2022

2023

2024

2025

2026

2027

2028

먼저 자기 자신의 주인이 되어야 한다. ✿

5 / 8

2019

2020

2021

2022

2023

2024

2025

2026

2027

2028

나는 성실이 모든 영웅의 특징이라고 생각한다. 깊고 위대하고 진실한 성실 말이다.

5 / 9

2019

2020

2021

2022

2023

2024

2025

2026

2027

2028

당신이 무슨 일을 하고 있든 간에 당신의 시간을 미래의 인생을 위해 사용하라.

5 / 10

2019

2020

2021

2022

2023

2024

2025

2026

2027

2028

다정한 벗을 찾기 위해서라면 천리 길도 멀지 않다. 🍁

5 / 11

2019

2020

2021

2022

2023

2024

2025

2026

2027

2028

괴로움과 번민은 위대한 자각과 심오한 심정의 소유자에겐 언제나 필연적인 것이다.

5 / 12

2019

2020

2021

2022

2023

2024

2025

2026

2027

2028

새로운 진리와 인생의 위대한 목적은 지식이 아니라 행동이다.

5 / 13

2019

2020

2021

2022

2023

2024

2025

2026

2027

2028

고통은 사람을 생각하게 만든다. 사고는 사람을 현명하게 만든다. 지혜는 삶의 인내를 만든다.

5 / 14

2019

2020

2021

2022

2023

2024

2025

2026

2027

2028

가장 위대하고 심오한 진리는 가장 단순하고 소박하다.

5 / 15

2019

2020

2021

2022

2023

2024

2025

2026

2027

2028

부드러운 말로 상대를 설득하지 못하는 사람은 거친 말로도 설득할 수 없다.

5 / 16

2019

2020

2021

2022

2023

2024

2025

2026

2027

2028

잘 싸우는 자는 노하지 않고, 잘 이기는 자는 잘 싸우지 않는다.

5 / 17

2019

2020

2021

2022

2023

2024

2025

2026

2027

2028

인생은 용서와 함께 하는 모험이다.

5/18

2019

2020

2021

2022

2023

2024

2025

2026

2027

2028

인생은 자전거를 타는 것과 같다. 계속 페달을 밟는 한 당신은 넘어질 염려가 없다. 🌸

5 / 19

2019

2020

2021

2022

2023

2024

2025

2026

2027

2028

인생은 하나의 커다란 캔버스와 같다. 가능한 한 모든 물감을 거기에다 쏟아부어라.

5 / 20

2019

2020

2021

2022

2023

2024

2025

2026

2027

2028

인생은 왕복 차표를 발행하지 않는다. 일단 떠나면 다시는 돌아오지 못한다.

5 / 21

2019

2020

2021

2022

2023

2024

2025

2026

2027

2028

인생에서 성공하기 위해 필요한 것은 무지와 확신뿐이다. 🦋

5 / 22

2019

2020

2021

2022

2023

2024

2025

2026

2027

2028

고마움을 통해 인생은 풍요로워진다. ✿

5 / 23

2019

2020

2021

2022

2023

2024

2025

2026

2027

2028

세계는 한 권의 책이다. 한 군데 머물면 한 페이지짜리 인생이다.

5 / 24

2019

2020

2021

2022

2023

2024

2025

2026

2027

2028

우리의 삶은 너무 길거나 혹은 너무 짧은 날들로 이루어져 있다.

5 / 25

2019

2020

2021

2022

2023

2024

2025

2026

2027

2028

사랑의 첫 번째 의무는 상대방에 귀 기울이는 것이다.

5 / 26

2019

2020

2021

2022

2023

2024

2025

2026

2027

2028

진정한 사랑은 내가 원하는 대로 바꾸려 하지 않는다. ✿

5 / 27

2019

2020

2021

2022

2023

2024

2025

2026

2027

2028

사랑은 유일하게도 우리가 낭비하더라도 줄지 않는다. 🏵

5 / 28

2019

2020

2021

2022

2023

2024

2025

2026

2027

2028

낱말 하나가 삶의 모든 무게와 고통에서 우리를 해방시킨다. 그 말은 사랑이다. ❀

5 / 29

2019

2020

2021

2022

2023

2024

2025

2026

2027

2028

사랑은 자신 이외에 다른 것도 존재한다는 사실을 어렵사리 깨닫는 것이다.

5/30

2019

2020

2021

2022

2023

2024

2025

2026

2027

2028

내가 사랑하는 사람은 자유로워야 한다. 나로부터도. 🏵

5 / 31

2019

2020

2021

2022

2023

2024

2025

2026

2027

2028

사랑에 빠지기 전까지만 사랑을 비웃을 수 있다. ✿

5

2019

2020

2021

2022

5

2025

2026

5

2027

2028

6 / 1

2019

2020

2021

2022

2023

2024

2025

2026

2027

2028

사랑은 멍청한 사람조차도 어느 정도 위대해질 수 있는 유일한 길이다. ✽

6 / 2

2019

2020

2021

2022

2023

2024

2025

2026

2027

2028

집을 가장 아름답게 장식해 주는 것은 바로 자주 드나드는 친구들이다. ✾

6 / 3

2019

2020

2021

2022

2023

2024

2025

2026

2027

2028

인간의 눈은 그의 현재를 말하며 입은 그가 앞으로 될 것을 말한다. 🦋

6 / 4

2019

2020

2021

2022

2023

2024

2025

2026

2027

2028

얻는 것보다 더욱 힘든 일은 버릴 줄 아는 것이다.

6 / 5

2019

2020

2021

2022

2023

2024

2025

2026

2027

2028

웃음 없는 하루는 낭비한 하루다.

6 / 6

2019

2020

2021

2022

2023

2024

2025

2026

2027

2028

친구는 제2의 자신이다. 🌸

6 / 7

2019

2020

2021

2022

2023

2024

2025

2026

2027

2028

인간은 인생을 사는 방법, 즉 인생을 사는 규칙을 가지고 있어야 한다. ✼

6/8

2019

2020

2021

2022

2023

2024

2025

2026

2027

2028

실패란 누가 무엇인가를 시도했다는 증거다. 🌸

6 / 9

2019

2020

2021

2022

2023

2024

2025

2026

2027

2028

세상은 고통으로 가득하지만 한편 그것을 이겨내는 일로도 가득 차 있다.

6 / 10

2019

2020

2021

2022

2023

2024

2025

2026

2027

2028

당신이 잘 하는 일이라면 무엇이나 행복에 도움이 된다. 🏵

6 / 11

2019

2020

2021

2022

2023

2024

2025

2026

2027

2028

나이가 들수록 아름다움은 내면으로 향한다. ✿

6 / 12

2019

2020

2021

2022

2023

2024

2025

2026

2027

2028

싸워서는 절대 충분히 얻지 못하지만 양보하면 기대했던 것 이상을 얻는다.

6 / 13

2019

2020

2021

2022

2023

2024

2025

2026

2027

2028

도전은 현실과 가능성 사이에 있다. ✿

6 / 14

2019

2020

2021

2022

2023

2024

2025

2026

2027

2028

증오하지 말라. 그것은 갖고 다니기에 너무 무거운 짐이다. ✿

6 / 15

2019

2020

2021

2022

2023

2024

2025

2026

2027

2028

창의성 없는 절약은 결핍이다. 🌼

6 / 16

2019

2020

2021

2022

2023

2024

2025

2026

2027

2028

위대한 사람들은 목적을 갖고, 그 외의 사람들은 소원을 갖는다.

6 / 17

2019

2020

2021

2022

2023

2024

2025

2026

2027

2028

행복이란 포근한 강아지 한 마리다. ✿

6 / 18

2019

2020

2021

2022

2023

2024

2025

2026

2027

2028

한 시간 독서로 누그러지지 않는 걱정은 없다. 🏵

6 / 19

2019

2020

2021

2022

2023

2024

2025

2026

2027

2028

6 / 20

2019

2020

2021

2022

2023

2024

2025

2026

2027

2028

아무리 무지한 사람이라도 본받을 점이 있다. ✿

6 / 21

2019

2020

2021

2022

2023

2024

2025

2026

2027

2028

인생을 다시 산다면 다음번에는 더 많은 실수를 저지르리라.

6 / 22

2019

2020

2021

2022

2023

2024

2025

2026

2027

2028

나무 베는 데 한 시간이 주어진다면 나는 도끼 날을 가는 데 45분을 쓸 것이다. 🌿

6 / 23

2019

2020

2021

2022

2023

2024

2025

2026

2027

2028

1년간의 행복을 위해서는 정원을 가꾸고, 평생의 행복을 원한다면 나무를 심어라.

6 / 24

2019

2020

2021

2022

2023

2024

2025

2026

2027

2028

어떤 것을 완전히 알려거든 다른 사람에게 가르쳐라.

6 / 25

2019

2020

2021

2022

2023

2024

2025

2026

2027

2028

당신의 운명을 결정하는 것은 우연한 가능성이 아니라 선택이다. 🌿

6 / 26

2019

2020

2021

2022

2023

2024

2025

2026

2027

2028

믿음이 부족하기 때문에 도전하길 두려워한다. 나는 나를 믿는다.

6 / 27

2019

2020

2021

2022

2023

2024

2025

2026

2027

2028

사람은 오로지 가슴으로 볼 때 올바르게 볼 수 있다. 본질적인 것은 눈에 보이지 않는다.

6 / 28

2019

2020

2021

2022

2023

2024

2025

2026

2027

2028

연은 순풍이 아니라 역풍에 가장 높이 난다.

6 / 29

2019

2020

2021

2022

2023

2024

2025

2026

2027

2028

자신을 사랑하는 법을 아는 것이 가장 위대한 사랑이다.

6 / 30

2019

2020

2021

2022

2023

2024

2025

2026

2027

2028

삶은 천천히 나아지고 빨리 나빠지며, 큰 재난만 분명히 눈에 보인다. ✻

6
2019

2020

2021

2022

6

2023

2024

2025

2026

6

2027

2028

7 / 1

2019

2020

2021

2022

2023

2024

2025

2026

2027

2028

인생은 겸손을 배우는 긴 수업이다. ✱

7 / 2

2019

2020

2021

2022

2023

2024

2025

2026

2027

2028

인생은 가까이에서 보면 한 편의 비극이지만 멀리서 보면 한 편의 희극이다.

7 / 3

2019

2020

2021

2022

2023

2024

2025

2026

2027

2028

사랑은 있거나 없거나 둘 중 하나다. 가벼운 사랑은 아예 사랑이 아니다.

7 / 4

2019

2020

2021

2022

2023

2024

2025

2026

2027

2028

성숙한 사랑은 각자의 진실과 개성이 있는 상태에서의 통합이다. 🌸

7 / 5

2019

2020

2021

2022

2023

2024

2025

2026

2027

2028

추억이란 인간의 진정한 재산이다. 🍁

7 / 6

2019

2020

2021

2022

2023

2024

2025

2026

2027

2028

버릇은 추억을 간직하고 있다는 증거이다. 🌸

7/7

2019

2020

2021

2022

2023

2024

2025

2026

2027

2028

인간은 운명의 포로가 아니라 단지 자기 마음의 포로일 뿐이다. ✾

7 / 8

2019

_____

2020

_____

2021

_____

2022

_____

2023

_____

2024

_____

2025

_____

2026

_____

2027

_____

2028

_____

불행은 진정한 친구가 아닌 자를 드러내 준다.

7 / 9

2019

2020

2021

2022

2023

2024

2025

2026

2027

2028

사람은 행복하기로 마음먹은 만큼 행복하다. 🐝

7 / 10

2019

2020

2021

2022

2023

2024

2025

2026

2027

2028

그 누구도 당신의 동의 없이 당신에게 열등감을 갖게 만들 수는 없다.

7 / 11

2019

2020

2021

2022

2023

2024

2025

2026

2027

2028

태어나면서부터 현명한 사람은 없다.

7 / 12

2019

2020

2021

2022

2023

2024

2025

2026

2027

2028

아무리 나이를 먹었다고 해도 배울 수 있을 만큼은 충분히 젊다.

7 / 13

2019

2020

2021

2022

2023

2024

2025

2026

2027

2028

두려움 때문에 갖는 존경심만큼 비열한 것은 없다.

7 / 14

2019

2020

2021

2022

2023

2024

2025

2026

2027

2028

짝사랑처럼 땅콩버터 맛을 떨어뜨리는 것은 없다. 🦋

7 / 15

2019

2020

2021

2022

2023

2024

2025

2026

2027

2028

스스로를 신뢰하는 사람만이 다른 사람들에게 성실할 수 있다. 🏵

7 / 16

2019

2020

2021

2022

2023

2024

2025

2026

2027

2028

7 / 17

2019

2020

2021

2022

2023

2024

2025

2026

2027

2028

인내는 지혜의 동반자이다. 🌸

7 / 18

2019

2020

2021

2022

2023

2024

2025

2026

2027

2028

감사에 보답하는 것보다 더 다급한 임무는 없다. ✿

7 / 19

2019

2020

2021

2022

2023

2024

2025

2026

2027

2028

나는 열망하고, 열심히 노력하고, 혼신을 다하고 있다. ✻

7 / 20

2019

2020

2021

2022

2023

2024

2025

2026

2027

2028

이미 낭비한 시간에 대한 후회는 시간을 더 낭비하는 것이다. ✽

7 / 21

2019

2020

2021

2022

2023

2024

2025

2026

2027

2028

과학은 정리된 지식이고, 지혜는 정리된 인생이다. 🏵

7 / 22

2019

2020

2021

2022

2023

2024

2025

2026

2027

2028

자기 불신은 우리가 실패하는 가장 큰 원인이다.

7 / 23

2019

2020

2021

2022

2023

2024

2025

2026

2027

2028

때로는 살아 있는 것도 용기다. 🌿

7 / 24

2019

2020

2021

2022

2023

2024

2025

2026

2027

2028

여름에는 노래가 절로 나온다. ✿

7 / 25

2019

2020

2021

2022

2023

2024

2025

2026

2027

2028

7 / 26

2019

2020

2021

2022

2023

2024

2025

2026

2027

2028

모든 전사 중 가장 강한 전사는 시간과 인내다. ✻

7 / 27

2019

2020

2021

2022

2023

2024

2025

2026

2027

2028

지혜로운 자는 사랑하고, 다른 모든 이는 욕망한다. 🌸

7 / 28

2019

2020

2021

2022

2023

2024

2025

2026

2027

2028

어디든 가치가 있는 곳으로 가려면 지름길은 없다.

7/29

2019

2020

2021

2022

2023

2024

2025

2026

2027

2028

출생과 죽음은 피할 수 없으므로 그 사이를 즐겨라. ✽

7 / 30

2019

2020

2021

2022

2023

2024

2025

2026

2027

2028

책다운 책을 만나 몰입하는 것은 사랑에 빠지는 것과 같다. ✾

7 / 31

2019

2020

2021

2022

2023

2024

2025

2026

2027

2028

좋거나 나쁜 것은 없다. 다만 생각이 그렇게 만들 뿐이다.

7

2020

2021

2022

7

2023

2024

2025

2026

7

2028

8 / 1

2019

2020

2021

2022

2023

2024

2025

2026

2027

2028

할 수 있다고 생각하기 때문에 할 수 있는 것이다.

8 / 2

2019

2020

2021

2022

2023

2024

2025

2026

2027

2028

시간은 우리를 변화시키지 않는다. 시간은 단지 우리를 펼쳐 보일 뿐이다.

8/3

2019

2020

2021

2022

2023

2024

2025

2026

2027

2028

8 / 4

2019

2020

2021

2022

2023

2024

2025

2026

2027

2028

자유롭게 피어나기. 이것이 내가 내린 성공의 정의다. 🦋

8/5

2019

2020

2021

2022

2023

2024

2025

2026

2027

2028

현재라는 모든 점이 나의 미래와 어떻게든 이어지리라는 것을 믿어야 한다.

8 / 6

2019

2020

2021

2022

2023

2024

2025

2026

2027

2028

잠시 내려놓고 싶을 때는 그렇게 하라.

8 / 7

2019

2020

2021

2022

2023

2024

2025

2026

2027

2028

당장 중요한 것부터 시작하라. 🌸

8 / 8

2019

2020

2021

2022

2023

2024

2025

2026

2027

2028

꿈을 크게 가져라. 오직 큰 꿈만이 영혼을 감동시킬 수 있다. ✿

8 / 9

2019

2020

2021

2022

2023

2024

2025

2026

2027

2028

일 년에 한 번은 전에 전혀 가 보지 않았던 곳을 찾아가라.

8 / 10

2019

2020

2021

2022

2023

2024

2025

2026

2027

2028

즐겁게 대화를 나눌 수 있는 사람과 결혼하라.

8 / 11

2019

2020

2021

2022

2023

2024

2025

2026

2027

2028

8 / 12

2019

2020

2021

2022

2023

2024

2025

2026

2027

2028

사랑은 깊고 열정적으로 하라. 그것만이 빛나는 삶을 사는 길이다.

8 / 13

2019

2020

2021

2022

2023

2024

2025

2026

2027

2028

때로는 나 자신을 위해 꽃을 사라. ✾

8 / 14

2019

2020

2021

2022

2023

2024

2025

2026

2027

2028

하루에 세 번씩 사진을 찍을 때처럼 환하게 웃어라. 🎑

8 / 15

2019

2020

2021

2022

2023

2024

2025

2026

2027

2028

자신의 시간을 존중하면 자신을 사랑하는 기술도 터득할 수 있다.

8 / 16

2019

2020

2021

2022

2023

2024

2025

2026

2027

2028

인생은 우리가 하루 종일 생각하는 것으로 이루어져 있다.

8 / 17

2019

2020

2021

2022

2023

2024

2025

2026

2027

2028

자유로운 생각만큼 가능성을 확장하는 것도 없다.

8 / 18

2019

2020

2021

2022

2023

2024

2025

2026

2027

2028

산다는 일은 음악을 듣는 것과도 같아야 한다.

8 / 19

2019

2020

2021

2022

2023

2024

2025

2026

2027

2028

가끔은 이유가 없음을 이유로 샴페인을 터뜨려라.

8 / 20

2019

2020

2021

2022

2023

2024

2025

2026

2027

2028

설명할 수 있는 삶이 아닌 주장할 수 있는 삶을 살아라.

8 / 21

2019

2020

2021

2022

2023

2024

2025

2026

2027

2028

실수했다고 말하는 것을 두려워 말라. 🌸

8 / 22

2019

2020

2021

2022

2023

2024

2025

2026

2027

2028

오직 사랑을 위해서만 결혼해라. ❀

8 / 23

2019

2020

2021

2022

2023

2024

2025

2026

2027

2028

당신 삶의 모든 부분을 책임져라.

8 / 24

2019

2020

2021

2022

2023

2024

2025

2026

2027

2028

저녁에 그냥 잠자리에 들지 말라. 자신의 하루를 점검한 다음 눈을 감아라.

8 / 25

2019

2020

2021

2022

2023

2024

2025

2026

2027

2028

10년 후의 꿈을 그려 보라. ✿

8 / 26

2019

2020

2021

2022

2023

2024

2025

2026

2027

2028

8 / 27

2019

2020

2021

2022

2023

2024

2025

2026

2027

2028

언성을 높이지 말고 논거를 강화하라. 🦋

8 / 28

2019

2020

2021

2022

2023

2024

2025

2026

2027

2028

당신이 상상하고 있는 것은 당신이 살게 될 멋진 인생의 예고편이다.

8 / 29

2019

2020

2021

2022

2023

2024

2025

2026

2027

2028

사람이 가진 정말 강력한 무기, 그것은 웃음이다. ✿

8 / 30

2019

2020

2021

2022

2023

2024

2025

2026

2027

2028

행복한 사람은 갖고 있는 것을 사랑한다. 🌸

8 / 31

2019

2020

2021

2022

2023

2024

2025

2026

2027

2028

삶에서 가장 위대한 것은 사랑이고, 또 사랑받는 것이다. ✿

8

2019

2020

2021

2022

8

2023

2024

2025

2026

8

2027

2028

9 / 1

2019

2020

2021

2022

2023

2024

2025

2026

2027

2028

우리는 나이가 들면서 변하는 게 아니다. 보다 자기다워지는 것이다. 🌸

9 / 2

2019

2020

2021

2022

2023

2024

2025

2026

2027

2028

우리가 이룬 것만큼 이루지 못한 것도 자랑스럽다. 🌸

9 / 3

2019

2020

2021

2022

2023

2024

2025

2026

2027

2028

9 / 4

2019

2020

2021

2022

2023

2024

2025

2026

2027

2028

항상 맑으면 사막이 된다. 비가 내리고 바람이 불어야만 비옥한 땅이 된다.

9 / 5

2019

2020

2021

2022

2023

2024

2025

2026

2027

2028

기억하라. 당신은 세상을 햇빛으로 가득 채울 수 있는 존재다.

9 / 6

2019

2020

2021

2022

2023

2024

2025

2026

2027

2028

오늘이란 평범한 날이지만 미래로 통하는 가장 소중한 시간이다.

9 / 7

2019

2020

2021

2022

2023

2024

2025

2026

2027

2028

누군가를 사랑한다는 것은 우리 인생 중에 가장 어려운 시험이다. ❀

9 / 8

2019

2020

2021

2022

2023

2024

2025

2026

2027

2028

집중이란 좋은 아이디어 수백 개에 'NO'라고 말하는 것이다. ✿

9/9

2019

2020

2021

2022

2023

2024

2025

2026

2027

2028

실패 역시 꿈에 속하는 것이다. ✿

9 / 10

2019

2020

2021

2022

2023

2024

2025

2026

2027

2028

희망은 잠자고 있지 않는 인간의 꿈이다. ✿

9 / 11

2019

2020

2021

2022

2023

2024

2025

2026

2027

2028

희망은 전혀 비용이 들지 않는다. 🌿

9 / 12

2019

2020

2021

2022

2023

2024

2025

2026

2027

2028

당신이 하는 일은 모두 특별하다.

9 / 13

2019

2020

2021

2022

2023

2024

2025

2026

2027

2028

탁월함은 하나의 사건이 아니라 습성인 것이다. ✹

9/14

2019

2020

2021

2022

2023

2024

2025

2026

2027

2028

나만이 내 인생을 바꿀 수 있다. 아무도 날 대신해 줄 수 없다.

9 / 15

2019

2020

2021

2022

2023

2024

2025

2026

2027

2028

자신감은 내면에서 나온다. 자신감은 항상 그곳에 있다. ✻

9 / 16

2019

2020

2021

2022

2023

2024

2025

2026

2027

2028

기쁨은 우리 안에 있다. ✳

9 / 17

2019

2020

2021

2022

2023

2024

2025

2026

2027

2028

더 많이 사랑하는 것 외에 다른 사랑의 치료약은 없다.

9 / 18

2019

2020

2021

2022

2023

2024

2025

2026

2027

2028

발견은 준비된 사람이 맞닥뜨린 우연이다.

9 / 19

2019

2020

2021

2022

2023

2024

2025

2026

2027

2028

9 / 20

2019

2020

2021

2022

2023

2024

2025

2026

2027

2028

가장 어두운 밤도 끝날 것이다. 🌿

9 / 21

2019

2020

2021

2022

2023

2024

2025

2026

2027

2028

당신에게 가장 중요한 사람은 지금 만나고 있는 사람이다. ✿

9 / 22

2019

2020

2021

2022

2023

2024

2025

2026

2027

2028

처음에는 우리가 습관을 만들지만 그다음에는 습관이 우리를 만든다. 🌸

9 / 23

2019

2020

2021

2022

2023

2024

2025

2026

2027

2028

너에게서 나온 것은 너에게로 돌아간다.

9 / 24

2019

2020

2021

2022

2023

2024

2025

2026

2027

2028

꿈을 계속 간직하고 있으면 반드시 실현할 때가 온다.

9 / 25

2019

2020

2021

2022

2023

2024

2025

2026

2027

2028

승자의 주머니 속에는 꿈이 있고, 패자의 주머니 속에는 욕심이 있다. 🌸

9 / 26

2019

2020

2021

2022

2023

2024

2025

2026

2027

2028

희망과 꿈은 인생의 사탕이다. 꿈이 없다면 인생은 쓰다. 🌼

9 / 27

2019

2020

2021

2022

2023

2024

2025

2026

2027

2028

걱정은 내일의 슬픔을 덜어 주는 것이 아니라 오늘의 힘을 앗아 간다. ✿

9 / 28

2019

2020

2021

2022

2023

2024

2025

2026

2027

2028

가슴에 기쁨을 가득 담아라. 담은 것만이 내 것이 된다. ✿

9 / 29

2019

2020

2021

2022

2023

2024

2025

2026

2027

2028

그림자를 보지 말라. 고개를 들어 태양을 바라보라. ✿

9 / 30

2019

2020

2021

2022

2023

2024

2025

2026

2027

2028

내가 나를 사랑해야 남을 사랑할 수 있다. ✿

9

2019

_____

2020

_____

_____

2021

2022

9

2025

2026

9

2027

2028

10 / 1

2019

2020

2021

2022

2023

2024

2025

2026

2027

2028

잠을 잘 때 좋은 기억만 떠올려라. ✿

10 / 2

2019

2020

2021

2022

2023

2024

2025

2026

2027

2028

세상에서 가장 큰 선물은 자기 자신에게 기회를 주는 것이다. 🌸

10 / 3

2019

2020

2021

2022

2023

2024

2025

2026

2027

2028

강인하고 긍정적인 태도는 어떤 특효약보다 더 많은 기적을 만든다. ✿

10 / 4

2019

2020

2021

2022

2023

2024

2025

2026

2027

2028

승자는 한 번 더 시도해 본 패자다. 🌸

10 / 5

2019

___

2020

___

2021

___

2022

___

2023

___

2024

___

2025

___

2026

___

2027

___

2028

___

용기는 아무 힘이 없을 때 계속 하는 힘이다.

10 / 6

2019

2020

2021

2022

2023

2024

2025

2026

2027

2028

당신을 휘청이게 하는 것은 모두 작은 돌뿐이다.

10 / 7

2019

2020

2021

2022

2023

2024

2025

2026

2027

2028

용기란 하루의 마지막에 내일 다시 해 보자고 말하는 목소리다.

10 / 8

2019

2020

2021

2022

2023

2024

2025

2026

2027

2028

당신은 움츠리기보다 활짝 피어나도록 만들어진 존재다.

10 / 9

2019

2020

2021

2022

2023

2024

2025

2026

2027

2028

항상 당신을 가로막은 것은 당신이었다. ✽

10 / 10

2019

2020

2021

2022

2023

2024

2025

2026

2027

2028

나는 지금의 내가 가장 좋다. 🌸

10 / 11

2019

2020

2021

2022

2023

2024

2025

2026

2027

2028

당신의 존재는 우연이 아니다. 🌸

10 / 12

2019

2020

2021

2022

2023

2024

2025

2026

2027

2028

나는 내 운명의 지배자요, 내 영혼의 선장이다. ✿

10 / 13

2019

2020

2021

2022

2023

2024

2025

2026

2027

2028

일어나라. 지는 것도 인생이다. 넘어진 자리가 끝이 아니다.

10 / 14

2019

2020

2021

2022

2023

2024

2025

2026

2027

2028

10 / 15

2019

2020

2021

2022

2023

2024

2025

2026

2027

2028

스쳐 가는 인연을 붙잡을 수 있는 것은 진심밖에 없다. ✿

10 / 16

2019

2020

2021

2022

2023

2024

2025

2026

2027

2028

우리는 오로지 사랑을 함으로써 사랑을 배울 수 있다.

10 / 17

2019

2020

2021

2022

2023

2024

2025

2026

2027

2028

모든 사람이 나를 받아 줄 필요는 없다. ✿

10 / 18

2019

2020

2021

2022

2023

2024

2025

2026

2027

2028

오늘을 붙잡아라. 철저하게 즐겨라. 다가오는 오늘을, 찾아오는 사람들을. ✳

10 / 19

2019

2020

2021

2022

2023

2024

2025

2026

2027

2028

사랑하는 일을 찾지 못했다면 계속 찾아라. 타협하지 마라. ✳

10 / 20

2019

2020

2021

2022

2023

2024

2025

2026

2027

2028

나중에 행복해지는 것이 아니다. 지금 이 순간에 행복해져야 한다.

10 / 21

2019

2020

2021

2022

2023

2024

2025

2026

2027

2028

행복은 좋아하는 사람과 함께 있는 것이다. 🦋

10 / 22

2019

2020

2021

2022

2023

2024

2025

2026

2027

2028

행복은 여정이지, 목적지가 아니라는 점을 기억하라.

10 / 23

2019

2020

2021

2022

2023

2024

2025

2026

2027

2028

열 번 만나면 열 번이 좋고, 백 번 만나면 백 번이 좋은 사람을 만나라.

10 / 24

2019

2020

2021

2022

2023

2024

2025

2026

2027

2028

인생의 단편 때문에 흔들리는 촛불처럼 살 필요는 없다.

10 / 25

2019

_____

2020

_____

2021

_____

2022

_____

2023

_____

2024

_____

2025

_____

2026

_____

2027

_____

2028

_____

자신에 대한 확신이 있다면 오늘 당장 고민의 사슬을 끊어라. 🏵

10 / 26

2019

2020

2021

2022

2023

2024

2025

2026

2027

2028

가슴으로 선택하고 행동하라. 🌸

10 / 27

2019

2020

2021

2022

2023

2024

2025

2026

2027

2028

아무거나 좋다고 하지 말고 스스로 선택하자. 🌸

10 / 28

2019

2020

2021

2022

2023

2024

2025

2026

2027

2028

세상 어디에도 자신만큼 가장 열렬한 지지자는 없다. 🌸

10 / 29

2019

2020

2021

2022

2023

2024

2025

2026

2027

2028

10 / 30

2019

2020

2021

2022

2023

2024

2025

2026

2027

2028

한때 자신을 미소 짓게 만들었던 것에 대해 절대 후회하지 마라.

10 / 31

2019

2020

2021

2022

2023

2024

2025

2026

2027

2028

나를 항상 우선순위로 두는 사람을 곁에 둬라. ✿

10
2019

2020

2021

2022

10

2024

2025

2026

10
2027

2028

11 / 1

2019

2020

2021

2022

2023

2024

2025

2026

2027

2028

지금 이 인생을 다시 한 번 살아도 좋다는 마음으로 살아라. ✿

11 / 2

2019

2020

2021

2022

2023

2024

2025

2026

2027

2028

타오르는 소망을 가져야 한다. ✿

11 / 3

2019

2020

2021

2022

2023

2024

2025

2026

2027

2028

우리는 행복하기 위해 세상에 왔다. 🌸

11 / 4

2019

2020

2021

2022

2023

2024

2025

2026

2027

2028

진실한 사랑을 위해서는 표현하는 방법에 대해서도 잘 알아야 한다.

11 / 5

2019

2020

2021

2022

2023

2024

2025

2026

2027

2028

아직 오지 않은 것이 더 많다. 🌿

11 / 6

2019

2020

2021

2022

2023

2024

2025

2026

2027

2028

더 좋은 나를 위해, 더 좋은 날을 위해.

11 / 7

2019

2020

2021

2022

2023

2024

2025

2026

2027

2028

인생은 과감한 모험이든가 아니면 아무것도 아니다.

11/8

2019

2020

2021

2022

2023

2024

2025

2026

2027

2028

영원한 봄은 내 마음속에 있다. 🌸

11 / 9

2019

2020

2021

2022

2023

2024

2025

2026

2027

2028

책은 꿈꾸는 것을 가르쳐 주는 진짜 선생이다. 🦋

11 / 10

2019

2020

2021

2022

2023

2024

2025

2026

2027

2028

모든 사람은 다 한 권의 책이다. ✿

11 / 11

2019

2020

2021

2022

2023

2024

2025

2026

2027

2028

읽다 죽어도 좋을 책을 항상 읽으라. 🏵️

11 / 12

2019

2020

2021

2022

2023

2024

2025

2026

2027

2028

내가 우울함에 빠져 있을 때 책은 내 마음의 먹구름을 지운다. ✽

11 / 13

2019

2020

2021

2022

2023

2024

2025

2026

2027

2028

절대로 배반하지 않는 친구를 사귀고 싶다면 책과 사귀어라.

11 / 14

2019

2020

2021

2022

2023

2024

2025

2026

2027

2028

잠깐 뜨거운 열정보다 더 중요한 것은 열정의 지속성이다. 🌺

11 / 15

2019

2020

2021

2022

2023

2024

2025

2026

2027

2028

같은 책을 읽는다는 것은 사람과 사람 사이를 이어 주는 단단한 끈이다.

11 / 16

2019

2020

2021

2022

2023

2024

2025

2026

2027

2028

책은 우리 안에 있는 얼어붙은 바다를 부수기 위한 도끼여야만 한다.

11 / 17

2019

2020

2021

2022

2023

2024

2025

2026

2027

2028

책은 불에 타지만 책에 담긴 내용 절대 불타지 않는다.

11 / 18

2019

2020

2021

2022

2023

2024

2025

2026

2027

2028

책 속엔 지식의 나이테가 있다.

11 / 19

2019

___

2020

___

2021

___

2022

___

2023

___

2024

___

2025

___

2026

___

2027

___

2028

___

당신을 만나는 모든 사람이 더 행복해질 수 있도록 하라.

11 / 20

2019

2020

2021

2022

2023

2024

2025

2026

2027

2028

다른 사람들을 평가한다면 그들을 사랑할 시간이 없다. ✿

11 / 21

2019

2020

2021

2022

2023

2024

2025

2026

2027

2028

나는 과거를 생각하지 않는다. 중요한 것은 끝없는 현재뿐이다. 🌸

11 / 22

2019

2020

2021

2022

2023

2024

2025

2026

2027

2028

현재의 삶에 온 힘을 기울여라. 🌿

11 / 23

2019

2020

2021

2022

2023

2024

2025

2026

2027

2028

친구란 두 개의 몸에 깃든 하나의 영혼이다. 🎋

11 / 24

2019

2020

2021

2022

2023

2024

2025

2026

2027

2028

뭔가를 제대로 하고 싶다면 스스로 해야 한다.

11 / 25

2019

2020

2021

2022

2023

2024

2025

2026

2027

2028

11 / 26

2019

2020

2021

2022

2023

2024

2025

2026

2027

2028

가장 쓸모없이 허비한 날은 웃음 없이 보낸 날이다. 🏵

11 / 27

2019

2020

2021

2022

2023

2024

2025

2026

2027

2028

조금만 더 나를 사랑하자. 🌸

11 / 28

2019

2020

2021

2022

2023

2024

2025

2026

2027

2028

진실한 사랑은 인생의 환희다. 🌸

11 / 29

2019

2020

2021

2022

2023

2024

2025

2026

2027

2028

사랑이 없다면 우리는 날개 꺾인 새다. 🦋

11 / 30

2019

2020

2021

2022

2023

2024

2025

2026

2027

2028

꿈이 있다면 지켜야 한다. ✿

11

2019

2020

2021 _____

2022 _____

_____

2024

2025

2026

11

2028

12 / 1

2019

2020

2021

2022

2023

2024

2025

2026

2027

2028

아무도 신뢰하지 않는 자는 누구의 신뢰도 받지 못한다. ✿

12 / 2

2019

2020

2021

2022

2023

2024

2025

2026

2027

2028

선택의 순간들을 모으면 그게 삶이고, 인생이 된다. 🌸

12 / 3

2019

2020

2021

2022

2023

2024

2025

2026

2027

2028

오늘도 정말 고생 많았 다고 스스로에게 말하자.

12 / 4

2019

2020

2021

2022

2023

2024

2025

2026

2027

2028

12 / 5

2019

2020

2021

2022

2023

2024

2025

2026

2027

2028

일 분 전만큼 먼 시간은 없다. 🌿

12 / 6

2019

2020

2021

2022

2023

2024

2025

2026

2027

2028

사소한 것들이 삶을 이루는 버팀목이다.

12 / 7

2019

2020

2021

2022

2023

2024

2025

2026

2027

2028

사람은 누구나 실수한다. 그래서 연필 뒤에 지우개가 달려 있다.

12 / 8

2019

2020

2021

2022

2023

2024

2025

2026

2027

2028

오로지 마음으로 보아야만 보이는 것이 있다. ✾

12 / 9

2019

2020

2021

2022

2023

2024

2025

2026

2027

2028

이 세상에 하나뿐인 하루. 🌸

12 / 10

2019

2020

2021

2022

2023

2024

2025

2026

2027

2028

12 / 11

2019

2020

2021

2022

2023

2024

2025

2026

2027

2028

12 / 12

2019

2020

2021

2022

2023

2024

2025

2026

2027

2028

내가 바라는 것은 보다 가벼운 짐이 아니라 보다 건강한 어깨다. 🌿

12 / 13

2019

2020

2021

2022

2023

2024

2025

2026

2027

2028

내 삶을 가꾸기 위해 절실한 능력은 이미 내 안에 있다. ✿

12 / 14

2019

2020

2021

2022

2023

2024

2025

2026

2027

2028

화는 저절로 우러나지 않는다. 자신이 화를 키우는 데 한몫을 한다.

12 / 15

2019

2020

2021

2022

2023

2024

2025

2026

2027

2028

보다 잘게 나누면 그 어떤 일도 결코 힘들지 않다. 🌸

12 / 16

2019

2020

2021

2022

2023

2024

2025

2026

2027

2028

즐거워서 웃는 때가 있지만 웃기 때문에 즐거워지는 때도 있다. ✿

12 / 17

2019

2020

2021

2022

2023

2024

2025

2026

2027

2028

꼭 해야 할 일부터 시작하라. 그다음은 할 수 있는 일을 하라.

12 / 18

2019

2020

2021

2022

2023

2024

2025

2026

2027

2028

시간이 모든 것을 바꾼다고 하지만 스스로 모든 것을 바꾸어야 한다.

12 / 19

2019

2020

2021

2022

2023

2024

2025

2026

2027

2028

좋은 아이디어를 얻으려면 많은 아이디어를 생각하라. ✻

12 / 20

2019

2020

2021

2022

2023

2024

2025

2026

2027

2028

마음을 담장 너머로 던져 넘기면 나머지는 저절로 따라 넘어가게 된다. ❀

12 / 21

2019

2020

2021

2022

2023

2024

2025

2026

2027

2028

웃음은 얼굴에서 겨울을 몰아내는 태양이다. 🌸

12 / 22

2019

2020

2021

2022

2023

2024

2025

2026

2027

2028

12 / 23

2019

2020

2021

2022

2023

2024

2025

2026

2027

2028

용기란 두려워하는 것이다. 두렵지 않으면 용기도 없다. ✿

12 / 24

2019

2020

2021

2022

2023

2024

2025

2026

2027

2028

어제는 재, 내일은 나무다. 불이 환하게 타는 것은 오늘 뿐이다.

12 / 25

2019

2020

2021

2022

2023

2024

2025

2026

2027

2028

아직 갈 길은 멀고 낯설지만 바람은 늘 나를 설레게 한다.

12 / 26

2019

2020

2021

2022

2023

2024

2025

2026

2027

2028

반드시 깨어 있어야 할 유일한 시간은 바로 지금이다.

12 / 27

2019

2020

2021

2022

2023

2024

2025

2026

2027

2028

실수는 발견으로 가는 관문이다. 🌸

12 / 28

2019

2020

2021

2022

2023

2024

2025

2026

2027

2028

대부분 행복하고자 마음먹은 만큼 행복해진다. 🌸

12 / 29

2019

2020

2021

2022

2023

2024

2025

2026

2027

2028

計劃 없는 목표는 한낱 꿈에 불과하다. ✿

12 / 30

2019

2020

2021

2022

2023

2024

2025

2026

2027

2028

따뜻한 말 한마디가 삼 개월의 추위를 녹인다. 🌸

12 / 31

2019

2020

2021

2022

2023

2024

2025

2026

2027

2028

나쁜 변명을 할 바에는 아예 변명을 하지 않는 게 낫다. ✽

12

2020

2021

2022

12
2023

2024

2025

2026

12

2027

2028

1/1

2020

2021

2022

2023

2024

2025

2026

2027

2028

2029

처음엔 우리가 습관을 만들지만, 그 다음에는 습관이 우리를 만든다.

1/2

2020

2021

2022

2023

2024

2025

2026

2027

2028

2029

질문은 급하게 받더라도 대답은 천천히 하라. ✿

1/3

2020

_____

2021

_____

2022

_____

2023

_____

2024

_____

2025

_____

2026

_____

2027

_____

2028

_____

2029

_____

세상을 살아 움직이게 하는 것은 진리가 아니라 믿음이다.

1/4

2020

2021

2022

2023

2024

2025

2026

2027

2028

2029

1/5

2020

2021

2022

2023

2024

2025

2026

2027

2028

2029

앞날에 있는, 알지 못할 그 축복들에 감사하라. 🌸

1/6

2020

2021

2022

2023

2024

2025

2026

2027

2028

2029

진정한 우정은 그 깊이와 소중함으로 판단할 수 있다.

1/7

2020

2021

2022

2023

2024

2025

2026

2027

2028

2029

1/8

2020

2021

2022

2023

2024

2025

2026

2027

2028

2029

힘들 때, 침울할 때 중요한 결정을 내리지 마라. 봄을 기다려라. ✿

1/9

2020

2021

2022

2023

2024

2025

2026

2027

2028

2029

앞으로 한 걸음 내딛으면 반드시 다른 것에 영향을 미친다.

1/10

2020

2021

2022

2023

2024

2025

2026

2027

2028

2029

가장 좋은 거울은 오랜 벗이다. 🏵

1 / 11

2020

2021

2022

2023

2024

2025

2026

2027

2028

2029

질투는 어떤 기쁨도 주지 않는 유일한 악이다.

1 / 12

2020

2021

2022

2023

2024

2025

2026

2027

2028

2029

화를 내는 것은 비싼 사치다. 🦋

1/13

2020

2021

2022

2023

2024

2025

2026

2027

2028

2029

발견의 기회는 준비된 사람에게만 온다.

1 / 14

2020

2021

2022

2023

2024

2025

2026

2027

2028

2029

행복을 얻는 데 필요하지 않은 것들은 아무리 많이 가져도 부족하다.

1 / 15

2020

2021

2022

2023

2024

2025

2026

2027

2028

2029

큰 성공은 작은 성공을 거듭한 결과다.

1 / 16

2020

2021

2022

2023

2024

2025

2026

2027

2028

2029

내면의 태도를 바꿈으로써 삶의 외면도 바꿀 수 있다.

1/17

2020
_____

2021
_____

2022
_____

2023
_____

2024
_____

2025
_____

2026
_____

2027
_____

2028
_____

2029
_____

꼼꼼하게 사는 것보다는 단순하게 사는 게 더 낫다. ✤

1/18

2020

2021

2022

2023

2024

2025

2026

2027

2028

2029

새로운 땅보다 새로운 시야를 찾는 것이 탐험이다.

1 / 19

2020

2021

2022

2023

2024

2025

2026

2027

2028

2029

신념이 있는 사람은 관심만 있는 아흔아홉 명의 힘과 맞먹는다. 🌿

1/20

2020

2021

2022

2023

2024

2025

2026

2027

2028

2029

인생이 살 만한 이유는 무엇인가에 대한 신념과 열정이 있기 때문이다.

1/21

2020

2021

2022

2023

2024

2025

2026

2027

2028

2029

앞으로 한 걸음 내딛으면 반드시 다른 것에 영향을 미친다. 🏵

1 / 22

2020

2021

2022

2023

2024

2025

2026

2027

2028

2029

진실이 없는 삶은 무미건조하다. 🌸

1/23

2020

2021

2022

2023

2024

2025

2026

2027

2028

2029

한동안 앉아 사색에 잠기는 것을 두려워하지 마라. 🌸

1/24

2020

2021

2022

2023

2024

2025

2026

2027

2028

2029

우리가 가는 곳, 그곳에 도달해서 하는 행동이 우리를 말한다. 🌿

1 / 25

2020

2021

2022

2023

2024

2025

2026

2027

2028

2029

한 사람이 해변의 예쁜 조개껍질을 모두 주울 수는 없다. ❀

1 / 26

2020

2021

2022

2023

2024

2025

2026

2027

2028

2029

기적을 소망하라. 그러나 기적에 의존하지는 마라.

1 / 27

2020

2021

2022

2023

2024

2025

2026

2027

2028

2029

행복은 종종 열어 둔 줄 몰랐던 문으로 슬그머니 들어온다. ✾

1/28

2020

2021

2022

2023

2024

2025

2026

2027

2028

2029

성공이란 실패를 거듭하면서도 열정을 잃지 않는 능력이다.

1/29

2020

2021

2022

2023

2024

2025

2026

2027

2028

2029

중요한 것은 질문하기를 멈추지 않는 것이다. ✸

1/30

2020

2021

2022

2023

2024

2025

2026

2027

2028

2029

눈물은 동정을, 땀은 변화를 가져다준다. 🌸

1/31

2020

2021

2022

2023

2024

2025

2026

2027

2028

2029

변하는 것은 우리 자신이이어야 한다. 🌸

1

2022

2023

1

2024

2025

2026

2027

1

2028

2029

Personal Information ^{신상정보}

Name^{이름} :

Mobile^{모바일} :

E-mail^{이메일} :

Address^{주소} :

『10 years of my life』 contains the history of the
owner. If you see that he or she left it somewhere,
please contact him/her: _____

『나의 10년』 노트는 한 사람의 빛나는 순간을 간직한
소중한 노트입니다. 이 노트를 발견하신다면 이 번호
로 연락주세요.